AF280134

Gedichte, die das Leben schrieb

Monika Dahlhoff

Gedichte, die das Leben schrieb

Bibliografische Information der Deutschen Nationalbibliothek
Die Deutsche Nationalbibliothek verzeichnet diese Publikation in der
Deutschen Nationalbibliografie; detaillierte bibliografische Daten sind
im Internet über http://dnb.d-nb.de abrufbar.

Die automatisierte Analyse des Werkes, um daraus Informationen
insbesondere über Muster, Trends und Korrelationen gemäß §44b UrhG
(»Text und Data Mining«) zu gewinnen, ist untersagt.

© 2025 Monika Dahlhoff

Verlag: BoD · Books on Demand GmbH, In de Tarpen 42,
22848 Norderstedt, bod@bod.de
Druck: Libri Plureos GmbH, Friedensallee 273, 22763 Hamburg

ISBN: 978-3-7693-9455-9

Straßengeflüster

Durch Straßen laut und leise: Was tu ich hier auf dieser Reise? Wo führt mein Weg mich denn nur hin? Was schwebt in meinem Sinn? Gedanken wie im Sturme jagen mich dahin. Doch wo ist denn das Dahin?

Geburtstagseinladung

Ich lade mir heute Gäste ein und hoffe, ihr lasst mich nicht allein? Frühstücken nach Herzenslust, fröhlich sein ist ein Muss. Darum lasst euch nicht lang bitten, die Zeit steht fest, es ist doch heut mein Fest.

Der Rosenduft

Rosen die meinen, blühten duftend einst im Garten mein. Das sollte nicht für immer sein. Das Haus verließen Mann und Maus. So war das Märchen von den Rosen aus. Still, still, kann nicht mehr sagen, was ich will. In meinem Herzen Eis, was keiner weiß. Stille in mein Leben zieht, ob noch eine Rose für mich blüht? Irgendwie geht es doch weiter auf der Lebensleiter.

Barackenkinder

Stürme, die sich jagen, Tannen, die auf ihren Zweigen
Schnee schwer tragen. Eis und Schnee die Wiesen
bedecken. Kinder in Baracken tief im Stroh sich leis
verstecken. Der Wölfe laut Geheul sie doch erschrecken.
Doch ist der Mensch ein größer Tier?
Wenn er klopft an der Barackentür?

Ein stilles Örtchen

Mit der Zeitung unterm Arm schlag auch nicht Alarm. Zu dem Örtchen still zog es mich dann hin. Die Brille auf der Nase, Popo in der Lokusschale, Zeitung in den Händen, Ruhe in allen Wänden. Wenn die Sitzung dann vorbei, usw. auf ein Neu. Doch die Zeit hat sich gewendet, keine Zeitung in den Händen. Das Handy ist nun anzuwenden.

Ein Engel wurde hier gebraucht

Namen sind wie Schall und Rauch. Das wirst du sagen sicher auch? Als Engel wurde ich gebraucht. Der Erden Sorgen ich geteilt mit einem Freund. Die Hand ihm reicht. Ein schönes Land ihm zeigt. Wälder, Wiesen sangen ihm ein Lied, Bächlein sah er fließen. Vögel zwitscherten ihm zu, hier darfst du sein, du bist daheim.

Mutter sein, das ist oft schwer

Kindlein klein du warst einst mein, in meinen Armen wiegte ich dich in den Schlaf hinein. Alle Liebe mein wurde dein. Nun bist du groß und willst nicht mehr auf deiner Mutter Schoß.

Gedanken

Sonnenstrahlen langsam weichen, der Strand jetzt
menschenleer. Nackt sich meine Arme breiten, malen
Adlerschwingen in den Sand.
Und des Meeres Rauschen
Lieder singen weithin übers Land.

Der Himmel

Als die Sterne Trauer trugen
war ich noch sehr klein.
Doch wenn alle wieder funkeln
werde ich wieder eins mit meinem Papi sein.

Die Himmelsleiter

Ging ich einst in jungen Jahren doch noch unerfahren
durch die Welt, sind nun meiner Füße Schritte schwer,
denn die Lebensmitte ist schon lange her. Steh dann auf
der Himmelsleiter müd der Last und Leid.
Macht auf die Tür ich bin bereit.

Der Bote

An der Wiege eine Fee, stand im Schwarz-Gewand. Ihre
Worte kalt wie Eis sagten leis: »Ich bin des Krieges Bote,
bring Trauer, Tränen, Leid an deiner Lebenspforte.«
Da öffnet plötzlich sich die Tür.
Ein Engel weiß wie Schnee
mit leisen Worten zart und rein trat ein.
»Hab keine Angst, mein Kind.
Ich bringe Kraft und Schönheit dir.
Wenn du mich brauchst, dann ruf nach mir.«

Das Meer

An des Meeres Strand ich Ruhe fand.
Der Mond ganz leise ist erwacht, streichelt mit des
Mondes Kühle meine nackte Haut.
Sieht fast aus, als ob er lacht.
Es ihm Freude macht.
Leise, leise ist die Welt, die mir heute so gefällt.

Das Blümlein

An des Flusses Wiesenrand ein kleines Blümlein stand.
Mit Entzücken wollt ich´s pflücken, mein Kränzchen
damit schmücken. Das Blümlein leise sprach: »Lass mich
leben in dem Gras, werde dann im nächsten Jahr dich aufs
Neue entzücken.«

Der Morgen erwacht

Guten Morgen neuer Tag, ach wie ich dich mag.
Wird die Sonne wieder scheinen?
Oder muss ich wieder weinen?
Werden Worte Pfeile sein?
Treffen tief ins Herz mir rein?

Mein Stern

Dunkel ist nicht diese Nacht.
Weil der Mond dort oben wacht.
Weiße Wolken sich am Himmel zeigen
lassen Sterne ziehen im Reigen
einer leuchtet strahlend hell.
Ist Papa mein scheint nun in mein Herz hinein.

Guten Morgen Tag

Guten Morgen neuer Tag. Ruhe, Frieden, so, wie ich es mag. Menschenleer noch sind die Straßen. Wehe mir, wenn sie erwachen. Dröhnt es mit Geheul mir ins Ohr hinein. Flucht ergreifen keinen Sinn. Wo soll ich auch hin?

Ein Fuß oder doch die Hand?

Fuß was machst du in dem Sand? Bist du mit der Hand
verwandt? Malst du Bilder in Sand?
Fuß reich mir die Hand
denn wir sind ja doch verwandt.

Suchende

Mit dem Schrubber in der Hand ziehen sie stets durch Stadt und Land. Menschen sehen sie ja so viele, doch meist ohne die Gefühle. Wo sind die Gefühle bei den Menschen nur geblieben? Können diese Menschen unsereins auch lieben? Hätten uns nicht fortgetrieben, wären dann geblieben. Mit dem Schrubber in der Hand ziehen sie weiter durch das Land, bis ein gutes Haus sich fand.

Viele Fragen hat ein Kind

»Lieber Papa, sage mir, ist die Welt auch wirklich rund?«
So klingt es aus des Kindes Mund.
»Ja mein Kind so wird es sein.
Bist noch viel zu klein.
Passt nicht in dein Köpfchen rein.«

Winterfreuden

Schatz, reich mir deine Hand. Draußen ist es bitterkalt.
Schneeflocken fallen dir ins Gesicht, hörst du das
Knirschen unter unseren Füßen nicht?
Ach wie schön ist doch die Welt.
Dass das Weiß mir draußen so gefällt.

Ein Bild, das ich nicht kenne

Ich sehe ein schönes Bild vor mir, es gehörte einmal mir.
Kann nicht mehr sehen, dass ich es bin.
Der Zauber längst dahin.
Die Zeit hat dieses Bild vertrieben.
Sieh der Wahrheit ins Gesicht.
Wenn es auch das Herz dir bricht.

Herzen

Rosa Herzen blühen in meinem Garten.
Ich kann es kaum erwarten
dass der Winter sagt ade.
Ich meine rosa Herzen wieder sehe.

Wer hätte das gedacht?

Über dich kann ich mich amüsieren.
Muss aufpassen, mein Herz nicht zu verlieren.
Will es auch nicht ausprobieren.
Sonst würde ich dich entführen.

Heimatland

Wo die lauen Winde wehen am Ostseestrand.
Wo der gelbe Ginster steht am Wegesrand,
da wurde ich geboren, da war ich zu Haus.
Ging doch einst verloren
fand nicht mehr nach Haus.

Tränen um ein Haus

Die Liebe war bei uns zu Haus. Das Leben ging auch ein und aus, Jahre gingen schnell voraus, das Lachen längst verflogen. Traurigkeit ist eingezogen. Das Haus vom Sturm geschüttelt hin und her ist nun alt und leer. Liebe gibt es längst nicht mehr.

Der Luftballon

Kauf mir einen Luftballon, dann flieg ich davon.
In die große Welt hinein, bin doch nicht mehr klein.
Höre Vögel singen, zarte Winde bringen, mich ins Glück
hinein. Hoffnung ist nun mein Begleiter, so geht dann
mein Leben weiter.

Es rasselten die Ketten

Krampus wurde er genannt, zu bösen Kindern oft gesandt.
Doch die Kinder hier ließen ihn nicht ein, in das Stübchen
fein. Da des Niklaus Ruf erschallt: »Krampus gehe wieder in
den Wald, diese Kinder hier brauchen keinen Krampus mehr.
Wollen brav und lieb auch sein
darf Niklaus nur ins Haus hinein.«

Die Nacht

Nacht was hast du heute mitgebracht? Scheint der Mond
auch helle, muss ich auf der Stelle mich verstecken in der
Betten Ecken? Oder wirst mir wieder zeigen, der bösen
Geister Reigen aus längst vergangenen Zeiten? Wind,
Wind braus geschwind in mein Kämmerlein hinein.
Jag die bösen Geister fort an einen anderen Ort.

Der Winter

Vor meinem Fenster steht ein Vogelhaus,
sieht so wie im Märchen aus.
Das Dach mit Schnee bedeckt.
Die Vögel fliegen ein und aus.
Alle Farben sich hier tummeln
werde noch die Zeit verbummeln.

Ist denn Liebe nur ein Wort?

Es war einmal ein Mädchen klein, geboren aus der
Mutter Schoß, wollte mit ihr leben, bis es groß.
Doch ließ die Mutter es allein. Das Mädchen viel zu klein.
Gestoßen in die Welt hinein. Des Lebens große Hand,
sie stieß hinaus ins weite Land. Menschen gaben ihr nicht
die Hand. Schlugen, traten auf es ein, Tränen zeigen nein.
Doch das Herz ihr wurde schwer
hatte kein Zuhause mehr.

Der Spielplatz

Auf dem Spielplatz längst verlassen liegt noch Sand.
Was ist hier geschehen?
Keines Kindes kleine Hand spielt mehr in dem Sand.
Oder ist der Sand längst schon in
der Katzen Hunde Hand?

Ruhelos

Eis auf meinem Herzen liegt.
Doch Gefühle mich besiegen, kämpft da plötzlich
ein Gefühl in mir? Wird es heiß in mir?
Lasst die Lust doch nicht mehr zu.
Dann habe ich auch wieder Ruh.

Tiere

Wenn ich ein Vöglein wär, dann bräuchte ich
keine Flügel mehr. Hat es längst sich rumgesprochen,
dass ein jedes Tier lieb bekommt bei mir.
Ob Vögel oder sonst Getier sind zu gern bei mir.

Traute Blicke

Da sah ich plötzlich diesen Blick. Wenn ich denke
daran zurück, es könnt der mein einst sein.
In den Adern heiß Liebe, Sehnsucht ich noch weiß.
Der Gedanken noch sehr viele
Traum, oh Traum lass doch die Spiele.

Der Mensch

Mensch, was machst du nur für ein Gesicht?
Passt dir dieses oder jenes nicht? Ist dir das Essen nicht
bekommen? Oder Schmerzen dich vergraulen? Zwickt
es hier oder auch dort? Sollst darüber schweigen
ein freundliches Gesicht nur zeigen.

Ein Tag wie jeder andere

Ist schon wieder Freitag heut? Ist der Einkauf nicht mehr
weit. In Geschäften laufen, laufen muss nicht alles kaufen?
Dieser Tag ist auch gelaufen.

Dunkel ist die Nacht

Schwarz ist diese Nacht. Der Mond hält keine Wacht.
Das Meer hat sich mit Schwarz bedeckt.
Die Angst in mir geweckt. Ein Stern ganz sacht sich zeiget.
Doch der Schlaf mir wird verweigert
bis der neue Tag sich zeiget.

Der Abendwind

Frag den Abendwind, was wir Menschen sind.
Gehen mit zwei Beinen nur, oft aufrecht durch das Leben.
Doch ein Tier der Beine vier. Der Mensch doch
glaubt er schneller sei? Oh weih,
oh weih, dass ich nicht schrei, der Arroganz zu groß,
das ist des Menschen Loos. Abendwind höre da nicht hin,
es hat doch alles keinen Sinn.

Dank für dein Gedicht Freund

Wenn ich einst so schreib wie du, schließe ich meine Bücher nie mehr zu. Längst schon habe ich erkannt, dass der Putzlappen in meiner Hand, nicht mit mir verwandt. Deine Gedichte mir nun sagen, dass ich Freude daran habe. Das Schreiben und das Lesen waren nie mein Freund gewesen, doch du mein Freund hast mir gezeigt, wie man schreibt.

Wenn andre Menschen schlafen

Nachts, wenn die Menschen schlafen, der Mond am
Himmel hell erwacht, in seiner ganzen Pracht.
Ein Mädchen klein so ganz allein, vom hellen Schein
erwacht. Es tapst mit nackten Füßchen klein in die
Nacht hinein. Es irrt umher, es find den Weg nicht mehr.
Mond, so rund und schön, lass das kleine
Mädchen gehen. Denn wenn du erlischst
das Mädchen wach dann ist.

Fremde

Wir kamen von Süden und Norden. Mit Herzen so fremd
und stumm. So bin ich dann dein geworden, kann nicht
mehr sagen warum. Doch als du um mich geworben, war ich
für einen andern gestorben. So wurde der Kummer geboren,
bis ich ging auch dir verloren.

Der Apfelbaum

Ein Apfelbaum so schön und groß, mit Äpfeln immer rot.
Steht auf einer Wiese, auf der ich liege. Die Sonne scheint
in mein Gesicht. Die Augen ich zum Himmel richte.
Gedanken wie im Reigen, mir eine andre Zeit nun zeigen.
Winter plötzlich war`s, der Schnee juchhe.
Geburtstag mein, darf nicht ohne rote Äpfel sein.

Kindlein klein

Es war einmal ein Kindlein klein. Stapfte in die Welt
hinein. Die Mama ließ es einst allein. Wo sollt es suchen
ihr Daheim das Kindlein klein? Eis, Schnee, Stürme Wind
kleines Mädchen lauf geschwind, Wölfe dir sonst folgen
mit dem Wind. Sollst doch leben kleines Kind,
bis die Mama dich dann wiederfind.

Mein Kind

Engelchen habe ich sie genannt, doch es war ihr
nicht bekannt. Hielt über sie die Hand. Ein trautes
Band uns stets verband. Viele Jahre zogen in das Land.
Als schönes Mädchen sie dann vor mir stand.
Das Mädchen eine Frau nun war. Des Lebens Zeit
auch manchmal hart. Der Liebe große Gefühle auf der
Lebensbühne. Ein trautes Band uns stets verband.

Der Sternendieb

Wenn der Mond ist aufgegangen, Sterne hell am Himmel prangen, zu gerne würde ich einen fangen. Doch der Himmel würde um ihn bangen. Engel leise sangen: »Lass den Stern am Himmel prangen. Menschen würden um ihn bangen. Wer hat ihren Stern gefangen?«

Sehnsucht

Sehnsucht ist ein scharfes Schwert, wenn du ein Herz
begehrst. Rassel dann mit allen Waffen,
die Geräusche sich weit hören lassen.
Die Liebe sie dann auch erreichen.
Die Sehnsucht darf dann weichen.

Ein Brief zum Geburtstag

Weit übers Meer kommen unsre Wünsche her. Die Wellen
flüsterten uns zu, Geburtstag hast heut du. Gesundheit,
Freude, mit bunten Schleifen schön verpackt. Geschenke
nicht klein, doch eher groß schicken wir zu dir nun los. Ein
Gläschen Wein in unseren Händen
dir aus der Ferne Grüße senden.

Wo zarte Kräfte walten

Hallo du übertreibe nicht, dafür bist du zwar bekannt, gibst dem Schicksal oft die Hand. Feuer, Wasser, Sturm und Winde wirst du überwinden. Doch kommt ein Mann in deine Nähe, ich die Angst in deinen Augen sehe. Und, das Ende der Geschichte? Übertreibe nicht.

Mein Frühstück

Der Morgen ist erwacht. Ich gleich das Frühstück mach.
Am Tisch so ganz allein sitzen nur wir zwei. Butter, Brot
und Marmelade, Eier, Käse und Tomate. Kaffee duftet in
dem Pott. Tag nun mache deinen Trott.

Der Rosenkäfer

Grün wie ein Smaragd, golden schimmert in der Sonne –
Strahlen in den Rosenblüten badet der kleine Käfer sich
drin labet. Nun stehe ich vor seinem Haus.
Nehme aus der Rosenblüte ihn heraus. Auf meiner
Hand er ängstlich sitzt. Leise, leise der Worte mein.
Die Zeit meines Hungers längst dahin
gebe ich dich der Rosen wieder hin.

Der Baum

Bäumchen klein, der Wurzeln fein, standst einst an einem
schönen Ort, wolltest dort nie wieder fort. Kam der
Sturmwind mit Geheul, jagt dich fort, in Länder kalt und
heiß, was Gott nur weiß. Das Bäumchen stand nun ganz
allein. Seine Wurzeln fein fanden kein Daheim. Nur der
Wind an seinen Zweigen schüttelt, Bäumchen leise klagt,
bring mich guter Wind geschwind.
In des Waldes Wiesen steht ein Haus
dort wäre ich so gern zu Haus.

Die Tochter

Angelika, mein Kind, in den Garten lauf geschwind, hole
Kräuter mir, damit die Suppe schmeckt auch dir. Ich lief
mit schnellen Schritten, ließ mich nicht lange bitten, in den
Garten rein. Die Füßchen nackt, es Sonntag Schuh nur gab.
Ein Rosenbeet mit seinem Duft mich lockte. Da kam es mir
plötzlich in den Sinn, bring ich der Mutti lieber Rosen hin.

Mein Gebet

Auf dem Kirchplatz groß und rein, treffen viele Menschen ein, wollen in die Kirche rein. In der Kirche sitzen in den Bänken, wollen ihren Blick nur schenken Gott allein. In Gedanken ich noch nicht dabei, Gott verzeih. Wenn ich meine Augen schließe, dann erst Gott begrüße. Meine Hände zum Gebet ich schließe. Lieber Gott verzeih, ich habe der Wünsche drei, Kinder mein leg ich in deine Hände rein. Meinen Mann Klaus hol aus seinen Sorgen raus. Ich in aller Mitte habe keine Bitte. Weiß doch Gott genau, dass ich immer zu dir schau.

Die Lüge

Lügen haben kurze Beine.
Denn wer lügt, ist bald alleine.
Die Lüge ist ein großer Feind
der Menschen oft entzweit.

Fernweh

Wenn ich ein Vöglein wäre, hätte ich keine Flügel mehr. Die Stadt mit ihrem Häusermeer gab mir keine Freiheit mehr. Der Blicke stets ein Ende an den Häuserwänden. Balkone reichten mir die Hände. Wo finde ich das Land, in dem ich atmen kann? Der Güter brauchte ich keine, ein Häuschen klein für mich alleine. Es steht an eines Waldes Rand, könnte es lieben dieses Land. Würde meine Flügel schwingen, die mich bringen in das Glück hinein. Werde wieder Lieder singen, und die Flügel mein, bringen mich dann heim.

Wenn Schiffe Trauer tragen

Ich weiß nicht was soll es bedeuten, dass ich so traurig bin?
Eine Liebe aus vergangenen Zeiten, geht mir nicht mehr
aus dem Sinn. Es kam ein Schiff gefahren, war mit Waren
voll beladen. Der Kapitän so unerfahren, wo an Land sind
die Gefahren? Er glaubte es zu wissen, das Meer nicht zu
vermissen, weil eine Liebe fand er an Land. Doch die Liebe
brach entzwei, sein Herz ward nie mehr frei. Denn sein
Leben war vorbei.

Königskinder

Waren es Königskinder? Nein. Nur zwei Geschwister groß und klein. Ihre Liebe sollte für immer sein. Menschen, Stürme, großes Leid, die beiden einst entzweit. Aber die Schwester groß, ließ die Sehnsucht nicht mehr los. Doch sie sollten zusammen nicht kommen, weil böse Geister es nicht wollen.

Neujahr

Nun ist es wahr, das neue Jahr wird bald beginnen.
Soll Friede, Freude uns allen bringen. Gott segne dieses
Haus, in dem wir alle gehen ein und aus. Friede, Freude,
Glück und Segen soll stets auf unser Haus nur regnen.
Wenn dann begonnen hat das neue Jahr.
Ein frohes und gesundes neues Jahr!

Weihnachtsgedicht

Kerzenschein erhellt den Raum schön geschmückt
ein kleiner Tannenbaum. Lichterketten ihn umschlingen,
Glöckchen leise klingen, Kinder Lieder singen,
denn Christkind
hat die Heilige Nacht uns heute mitgebracht.

Der Spiegel

Spieglein, Spieglein mein, warst doch mal mein Freund.
Ich sah als schönes Gesicht in dich hinein, was ist nur
geschehen? Jahre viel zu schnell vergehen, kann das Bild im
Spiegel nicht mehr sehen. Ist nicht verschwommen auch
mein Blick, kehrt das Bild nicht mehr zurück. Spiegel,
Spiegel sage mir, welche Frau steht nun vor dir?

Guten Morgen Tag

Guten Morgen, neuer Tag. Ruhe, Frieden, so, wie ich es mag. Menschenleer noch sind die Straßen. Wehe mir, wenn sie erwachen. Dröhnt es mit Geheul mir ins Ohr hinein. Flucht ergreifen keinen Sinn. Wo soll ich auch hin?

Der Maler

Guter Maler, schwing geschwind deinen Pinsel mit dem
Wind. Sollst malen heut ein schönes Kind. Der Pinsel
fragt den Wind, wo ist denn dieses Kind? Sehe eine schöne
Frau vor mir, Jahre zeichneten aus ihr ein Bild. Keinem
Maler das gelingt, auch wenn er den Pinsel mit dem
Winde schwingt. Das Leben ist der Maler hier,
keiner kann es so gut wie er.

Wirren in meinem Kopf

Mein Kopf ist wie ein Bienenhaus. Gedanken fliegen ein
und aus, sie fliegen hier und dort, kaum sind sie dort
sind sie auch schon wieder fort.

Der Vollmond

Mond ich sehe in dein Gesicht. Heute bist du hell und
rund, gibt es dafür einen Grund? Dass weiße Wolken dich
mit goldenem Schein umringen? Oder willst du mir nur
zeigen, dass gefangen ich, in des Mondes Macht.
Du den Schlaf mir raubst in dieser Nacht.
Mond lass mich doch heut in Ruh.
Möchte machen meine Augen zu.

Sehnsucht

Wenn ich tief in deine Augen sehe,
die Sehnsucht ich jetzt nicht verstehe.
Denn ich dachte einst, die Sehnsucht liegt auf Eis.

Atemlos

Mach bitte schnell das Fenster auf. Die Luft geht mir sonst
aus. Ein Grummeln leis zu hören. Muss denn das schon
wieder sein? Diese Bitte mein, muss schon sein. Sonst muss
ich gehen ganz allein, in mein Kämmerlein hinein.
Und dann bist du allein.

Nur ein Rätsel für dich

Wenn du es errätst, hast du in deinem Leben alles richtig
gemacht. Als du das Licht der Welt erblicktest, bekamst
du ein Geschenk. Eine Freundin. Noch bist du klein und
kannst mit ihr nichts anfangen. Du nimmst sie noch
nicht einmal wahr. Du fängst an deine Welt zu erkunden
mit Krabbeln, Lachen, Weinen und auf deinen Beinen
zu stehen. Jahre gehen an dir vorbei mit vielen Aufgaben.
Lernen, Beruf, Prüfungen feiern in Kneipen und in
feinen Restaurants. Das und vieles mehr bestimmen dein
Leben. Plötzlich viele Jahre gingen vorbei. Dein Spiegel
zeigt ein anderes Gesicht. Jahre mit einer 0 flogen wie ein
Windhauch kaum merkbar dahin. Nun gibst du sogar mit
deinem Alter an und haschst nach Komplimenten.
Doch in Wirklichkeit schleichen sich Gedanken ein.
Plötzlich eine 80 zum Geburtstag.
Natürlich wird er gebührend gefeiert. Bilder in deinem
Kopf tun sich auf. Märchenbücher, alte Fotoalben, doch
nur nicht vergessen. Wo ist meine Freundin denn nur
geblieben? Habe ich sie vergessen? Habe ich denn von ihr
zu viel verschenkt? Habe ich vergessen, dass es sie gibt?

Doch du willst dich mit ihr versöhnen.
Bitte, bitte bleib noch ein Weilchen bei mir.
Auf jeden Fall bis ich der Welt und dir Adieu sagen kann.
So nun sag mir meinen Namen?

Alica

Ein Hund nicht groß, doch eher klein, wollt auf dieser
Welt nicht sein. Futter suchen ward ihm schwer, hatte kein
Zuhause mehr. Träumte nachts in dunklen Gassen unterm
Himmelszelt, käme doch ein Freund, Calle ist gemeint,
nähme mich mit in seine Welt, würde ich lieb und brav
auch sein, kuschelt mich in ihn hinein.

Ein Schutzengel

Wenn die Sonne sagt dir gute Nacht, ein Engel an
deinem Fenster wacht. Er will beschützen nun dein Haus,
breitet weit seine Flügel aus. Wenn aber Geister,
Katz und Maus erwachen, böse Sachen machen,
hört man laut ein fröhlich Lachen.
Weil Schutzengel dich bewachen.

Geburtstag

75 ist nur eine Zahl, damit hattest du auch keine Wahl. An der Zeit konntest du nicht drehen, dann würde die Sonne nie mehr untergehen. Dein Schutzengel könnte es nicht verstehen. Er soll beschützen dich für alle Zeiten, sollst guten Menschen weiter Freude und dein Wissen schenken. Und auch ihre Wege lenken. Von weit, weit her kommen zu deinem Geburtstag alle guten Wünsche her.

Meine Reise

Schönheit lag in meiner Wiege. Freiheit hatte ich im
Gepäck. Alle Türen standen offen. Fröhlichkeit und
Lachen waren mein Begleiter. So sollte gehen mein
Leben immer weiter. Doch die Rechnung ging nicht auf.
Traurigkeit und Einsamkeit nahmen ihren Lauf. Die
Schönheit längst vergangen, Sehnsucht angefangen. Und
das Ende dieser Geschichte, träume nicht.

Wahrheit oder Lüge?

Wieder einmal ein Tag, den ich nicht mag. Stress ist angesagt. Diskussionen ohne Sinn. Es ist so sinnlos und erschreckend die Nerven liegen blank. In dunklen Ecken möchte ich mich verstecken. Wenn das so weitergeht? Es doch keiner versteht.

Ein Versprechen

Brauchst du Freundschaft? Ich bin da.
Hast du Fragen, die dich quälen?
Ich habe Rat.
Hast du Trauer? Ich teile sie mit dir.
Brauchst du Zärtlichkeit? Ich tröste dich.
Und wenn du Liebe brauchst, schenke ich sie dir.
Und was ist mit mir?

Wer ist das?

Er alles besser weiß. Meckert, wenn das Essen
ist nicht pünktlich auf dem Tisch. Steht vorm Schrank,
und ruft um Hilfe. Findet nichts. Und wer schaut
den jungen Mädchen untern Rock?
Es ist ein oller Bock.

Mein Fenster zum Hof

An meinem Fenster zum Hof ich staunend steh, was ich da seh? Der Sturmwind bläst mit voller Kraft. Es in den Bäumen ächzt und kracht. Zweige sich wie wild im Kreise drehen, doch für mich schön anzusehen. Auf dem Balkon die gelben Blätter liegen. Sonnenstrahlen vorbei noch fliegen. Woran kann das nur liegen?
Es ist tatsächlich wahr.
Der bunte Herbst ist wieder da.

Gepäck

Die Schönheit lag in meiner Wiege. Freiheit hatte ich im Gepäck. Alle Türen standen offen. Wollte auf das große Glück noch hoffen. Doch nach und nach das Alter schlich sich ein. Es wurde nicht mein Freund. Die Freiheit Stück für Stück blieb auf langen Wegen dann zurück.

Als Engel wurde ich gebraucht

Ich lebte nur sein Leben. Wo ist nur meine Zeit geblieben?
Meine Arbeit und mein Streben reichte nur für sein Leben.
Doch hab mich gern dem hingegeben.
Mein Lachen und mein Streben
haben ihm die Kraft gegeben.
Um zu erreichen viele Jahr.
Nun wird er 83 Jahr.
Für mich ist es auch klar
so wird es weitergehen viele Jahr.

Was soll das?

Der Fisch hängt traurig an dem Haken. Er weiß nicht, dass er gleich gebraten. Hängt ein Mensch am Haken, was dann passiert, musst du selbst erraten.

Was ist richtig?

Manchmal denke ich, ich wäre dumm. Wenn ich schlaue
Menschen sehe, weiß ich auch warum.
Manchmal denke ich, ich wäre schlau. Doch wenn ich
dumme Menschen sehe, frag ich mich: warum?

Liebe

Liebe ist nicht nur ein Wort. Verweilt auch oft an deinem Ort. Du kannst sie fühlen dann sofort. Halt sie fest, sonst flieht sie fort, an einen andren Ort.

Freundschaft

Freundschaft ist ein zartes Band. Halt es fest in deiner Hand. Denn des Bandes zarte Fäden können leicht entgleiten deinen Händen.
Dann wird die Freundschaft enden.

Die Uhr

Tick, tack, tick, tack macht die Uhr.
Was will sie damit nur sagen?
Muss ich sie danach wirklich fragen?
Denn die Zeiger meiner Uhr sagen mir die Wahrheit nur.
Wenn die Zeit ist um
ist die Uhr auch stumm.

Wege ohne Ziel

So weit dich deine Füße auch tragen. Wirst du dich
plötzlich fragen: Wo führt der Weg mich denn noch hin?
Hat das alles wirklich einen Sinn?

Der Drang nach Freiheit

Der Drang nach Freiheit kam ganz leise über Nacht. Schon zu lange hab ich darüber nachgedacht. Ein Weg zum neuen Leben ist erwacht. Hab auch ich den Mut? Hab alles daran bedacht? Schlaf darüber lieber eine Nacht.

Mein heiliger Gott

Wenn du glaubst an Gott? Höre nicht auf Spott. Wenn die
Menschen Liebe leben, gibt auch Gott dazu den Segen.

Die Welt

Glaubst du noch an unsre Welt? Keine Ahnung was dir
daran noch gefällt? Menschen kämpfen um ihr Recht,
dabei geht es ihnen doch nicht schlecht.
Die Gier nach Macht
hat unsere Welt erst schlecht gemacht.

Eine Freundin

Freundin hatte sie sich genannt.
Doch was Freundschaft ist, war ihr nicht bekannt.
Mit schönen Worten voller Gift, schlich sie sich in
mein Leben. Viel zu spät bin ich erwacht, das hat
mich beinah umgebracht.

Wildgänse

Wenn die Wildgänse ziehen in ein fernes, warmes Land.
Meine Sehnsucht mit ihnen fliegt. Der Wind des Meeres
auf meiner Haut noch liegt. Die Wildgänse am Himmel
ich verlier aus meinem Blick, dann bleibt die große
Sehnsucht in mir zurück.

Der Weihnachtsmarkt

Erinnere dich an diesen Tag, zum
Weihnachtsmarkt zog es dich hin.
Die Tombola dir brachte den Gewinn.
Ein Buch. Es ist nicht nur ein Buch
es ist ein Leben drin.

Expose`

Ein kleines Mädchen mit dem Namen
Angelika Charlotte.
Ihr Name Charlotte geriet bei manchen
Menschen ins Vergessen. So wurde sie
meistens nur Angelika gerufen, das ging auch
viel schneller.
Angelika wurde in einer sehr traurigen Zeit
geboren.
Es war der zweite Weltkrieg.
Sie verlor Mutter und Vater doch sie hatte

Kummer und Leid

Wir kamen aus Süden und Norden, mit Herzen so fremd und stumm. So bin ich dein geworden und kann nicht mehr sagen warum. Doch als ich um dich geworben, war ich für einen andern gestorben. So wurde der Kummer geboren, bis ich ging auch dir verloren.

Wenn die Winde wehen

Lieber Wind geschwind, sing mir das Lied von Liebe,
Glück und Zärtlichkeit. Zwischen Häusermeer und
Autoluft hatte ich dich verloren. Nun bin ich hier im
grünen Wald. Nun sing lieber Wind so laut, dass ich dich
fühle auf meiner Haut.

Mondsüchtig

Ich kann dich noch nicht sehen. Aber ich weiß, du wirst
dort oben zwischen den Wolken stehen. Und plötzlich hell
und rund hältst du mich gefangen. In meinen Träumen
quälst du mich mit deiner Macht.
Und raubst mir wieder eine Nacht.

Ein Liebesgedicht

Oft zu oft gingen wir getrennte Wege.
Doch unsere Herzen waren sich immer nah.
Ein magisches Band uns stets verband.
Es wehte über Stadt und Land,
bis die Liebe uns wiederfand.

Das Neue Jahr

Kann nun beginnen,

soll Frieden allen bringen.

Es werden neue Lieder klingen,

mit ihnen Glück euch bringen.

Gott segne jedes Haus.

In dem, gute Menschen gehen ein und aus.

Ein frohes und gesundes neues Jahr

Eure Angelika und Klaus

Papas Sterne

Wenn die Sterne Trauer tragen
möchte ich nicht auf Erden sein.

Doch, wenn zwei von ihnen funkeln
mit dem hell vertrauten Schein,
werd ich, tief in meinem Herzen
ganz in Papas Nähe sein

Ach wie gross sind die Momente
wenn wir beide uns umschlingen,
wenn die Seelen sich vereinen
sich einander Wärme bringen

Grausamkeit du hast verloren
wenn der Geist entfliehen kann
und wenn meine Sterne funkeln
ich mit ihm allein sein kann.

Sei's auch nur für die Momente
die, ganz kurz, nur uns gehören,
und die Schrecken dieser Welt
machtlos unser Glück nicht stören.

Lass die Sterne ewig funkeln
lass der Hoffnung ihren Lauf.
Ich kenn meinen Weg im Dunkeln
wenn du Hoffnung hast, du auch.

Für Monika Dahlhoff von Klaus Wiemer.

Weihnachten 2020, ein Geschenk an mich von einer Freundin in Spanien

Ich wünsche dir nicht nur diesen Advent
Einen Engel, der deinen Namen kennt.
Einen Engel, der schützend hinter dir steht
und dich hält, wenn der Winterwind stärker weht.
Einen Engel, der deine Welt heller macht
und über dich und dein Leben wacht.
Einen Engel, der deine Träume versteht
und der schützend an deiner Seite geht.
Einen Engel, der dir Mut und Freude bringt
und der leise für dich ein Weihnachtslied singt.
Einen Engel, der merkt, wenn du müde bist
der aufpasst, dass du dich selbst nicht vergisst.
Einen Engel, der dir Zeit zum Ausruhen schenkt.
Der weiß, was dir guttut und an dich denkt.
Ich wünsche dir für diesen Advent
einen Engel, der deinen Namen kennt.
Und möge dich zu allen Zeiten dieser Engel begleiten,

liebe Angelika Charlotte